W0196040

Mit einer Geschichte von Noahs Arche
und neunundfünfzig kleinen und großen Tieren
von Ute Blaich

Rotraut Susanne Berner

Na du, Marabu

Berners buntes Stempelbuch

Die Arche
aus dem Kästchen

Rowohlt

rororo rotfuchs
Herausgegeben von Ute Blaich und Renate Boldt

Originalausgabe
Veröffentlicht im Rowohlt Taschenbuch
Verlag GmbH, Reinbek bei Hamburg, Mai 1996
Copyright © 1996 by Rowohlt Taschenbuch
Verlag GmbH, Reinbek bei Hamburg
Redaktion Ute Blaich
rotfuchs-Comic Jan P. Schniebel
Alle Rechte vorbehalten
Printed in Germany
1490-ISBN 3 499 20825 3

Inhalt von Noahs Arche

Für Dronte

Noah baut ein Haus

Der Tag war schön und die Sonne stand hoch.

Marabu breitete zuerst seinen rechten, dann seinen linken Flügel wie einen riesigen Fächer aus, legte den kleinen Kopf, der nur spärlich mit Daunen bedeckt war, ein wenig schief, neigte ihn nachdenklich nach unten und horchte erstaunt auf die wuchtigen Schläge.

Von seinem Baum aus konnte er nichts sehen, das diesen

frechen Lärm machte: ein Hämmern, Knacken, Krachen und Klopfen mitten in die heiße Stille des Mittags. Also hob er seine gewaltigen dunklen Schwingen, nahm im Flug elegant den Kopf zurück und segelte ruhig und entschlossen in die Richtung, aus der dieser Lärm kam.

Noah hatte ihn kommen sehn und legte das Beil aus der Hand.

«Hallo, Noah!»

«Na du, Marabu!»

«Bist du es, der diesen Höllenlärm macht?»

«Du sagst es.»

«Und was ist das für ein klotziges Ding, was du da hämmerst und baust?»

«Drei fette Fische für dich, Marabu, wenn du es errätst!»

«Ein Haus mit vier Stockwerken für dich, deine Frau und die drei Söhne?»
«Kein Fisch, Marabu!»
«Ein hölzernes Schloß?»
«Kein Fisch, Marabu!»
«Ein Touristenhotel mit Aussichtsturm?»

«Kein Fisch, Marabu. Streng deinen Kopf an! Sieh mal, das Ding hat einen Unterbau, damit es schwimmen kann.»
«Aha, also ein Schwimmhaus?»
«Schon besser. Ein ganz kleiner Fisch für dich, Marabu. Es soll wirklich ein schwimmendes Haus werden.»
«Und für wen soll das sein?»
«Für euch, Marabu!»

Marabu legte den kleinen Kopf zurück, tänzelte ein paar Takte seitwärts und ließ ein schrilles Lachen hören.
«Für dich und deine Verwandten», sagte Noah unbeirrt freundlich. Er tat einfach so, als hätte er das Lachen gar nicht gehört.
«Du willst im Ernst sagen, daß du für meine Familie, den Kleinen Adjutanten, den Argala und alle meine storchi-

schen Verwandten, ein schwimmendes Haus bauen willst?»
«Genau. Und nicht nur für die. Auch für den Molukkenibis, den Braunen Sichler, den Waldrapp, den Hagedasch, den Kleinen Löffler, den Schuhschnabel...»
«Noah, guter alter Noah, irgendwas ist heute mit dir passiert! Du bist unter der Hitze verrückt geworden!»

Marabu klapperte erschrocken mit dem gewaltigen Schnabel, tänzelte noch einmal einen halben Meter seitwärts und sah den Alten besorgt an.
«Nein, nein, Marabu. Keine Sorge, ich bin völlig okay. Ich baue auch für den Nimmersatt, die Klaffschnäbel, den Maguari, den Regenstorch, die Hammerköpfe ...»
«Schluß, aus, stopp!» rief Marabu jetzt laut und energisch.

«Was sollen wir denn alle in deinem vierstöckigen schwimmenden Holzschloß? Was, zum Teufel, sollen wir da?»
Noah sah Marabu prüfend und ernsthaft in die Augen.
«Überleben!»
«Aber wir leben doch, Noah!»
«Wie lange noch, Marabu? Wie lange?»

Als Marabu nicht antworten wollte, trat Noah ein paar Schritte auf ihn zu und sagte:
«Hör mir gut zu! Der Homo sapiens, auch Raubmensch genannt, zu dessen Sippe leider auch ich gehöre, wütet seit Jahrhunderten gegen die Natur.
Hunderte von Tierarten, Fische, Vögel, Landtiere, Schmetterlinge, alles, was läuft, klettert, fliegt, schwimmt, sind in

die Hände des Killers gefallen und ausgerottet worden. Von den Abertausenden trauriger Beispiele nenne ich dir ein einziges: die Dronte. Ein großer, prächtiger Vogel. Er lebte vor drei Jahrhunderten in großer Zahl auf der Insel Mauritius. War größer als ein Truthahn, etwas plump, konnte in dieser unsportlichen Gestalt nicht laufen, sondern nur watscheln. Zum Fliegen einfach zu schwer. Das

wurde ihm zum Verhängnis. Als die weißen Männer vor dreihundert Jahren auf die schöne Insel im Indischen Ozean kamen, sahen sie zum erstenmal diesen Vogel und nannten ihn Dodo.
Dann machten sie gnadenlos Jagd auf ihn. Sie fraßen ihn gern mit hunderterlei Saucen, und weil sie aus Europa Schweine, Hunde und Ratten mit eingeschleppt hatten,

machten sich diese Tiere über die Eier der Dronte her.
Kurz, es dauerte keine hundert Jahre, und die Dronte war ausgestorben. Kein einziger Vogel blieb übrig.»
Marabu senkte den Kopf und sah traurig und lange auf seine nackten Füße.
Noah hackte in stiller Wut immer wieder auf ein riesiges Stück Holz ein.

«Dead as a dodo – tot wie eine Dronte –, sagen die Engländer, wenn etwas nicht mehr zu retten ist. Ja, in einem ihrer Museen haben sie ein ausgestopftes Exemplar der Dronte zu besichtigen. Das beglotzen die Menschen für Geld, und ein paar Klugscheißer schreiben komplizierte wissenschaftliche Aufsätze darüber. So machen das die Menschen. Ich will nicht, Marabu, daß auch du dem-

nächst ausgestopft in so einem Museum landest – darum baue ich dieses schwimmende Haus. Vor ein paar tausend Jahren soll ein Mann, der auch Noah hieß, etwas Ähnliches gemacht haben. Er nannte seine schwimmende Insel ARCHE. Es war ein Kasten aus Holz mit Kammern drin. Dreihundert Ellen lang, fünfzig breit, dreißig Ellen hoch. Als dann eine verheerende Flut das Land verschluckte,

schwamm die Arche sicher und zuverlässig auf den Wellen. Abertausende von Tieren waren gerettet. Siehst du, Marabu, genau so will auch ich die Tiere retten.»
«Nur die Familie der Störche?» fragte Marabu.
«Alle Tiere, die hier zu mir kommen, werden Platz finden. Vom Elefanten bis zur Mücke.»
«Und wann rechnest du mit der großen Flut?»

«Niemand weiß genau, wann sie kommen wird. Die Menschen haben diesen Planeten geplündert, zerstört und vergiftet. Das Klima verändert sich. Vermutlich wird das Eis der Polarkappen schmelzen, und eine gewaltige Flut wird alles Land zudecken.»
«Und die Menschen, was werden die machen?»
«Gegen Ende des 21. Jahrhunderts wird es 30 Milliarden

von dieser Sorte geben. Sie werden sich gegenseitig die Köpfe einschlagen, weil kein Platz zum Leben mehr da ist. Und um jedes Stück Nahrung werden sie schreckliche Kriege anzetteln. Ich will mich nicht um sie kümmern.

Ich will nur solche Geschöpfe retten, die am Untergang des Planeten nicht schuldig sind. Kein einziges Tier hat an dieser Vernichtung mitgewirkt. Soviel ist sicher. Also werde ich nur die Tiere retten.»

Marabu schwieg und dachte nach.

«Wann wird deine Arche fertig sein, Noah?»

«In sieben Tagen. Du hast Zeit, deine Freunde und alle

Tiere, die dir einfallen, herzubitten. Ich verlasse mich auf
deine Klugheit und deine Eile, Marabu!»
Marabu zögerte keinen Augenblick mehr.
Er breitete wortlos seine gewaltigen Schwingen aus und segelte in das Azurblau des Himmels.
«Marabu!» rief Noah ihm nach. «Marabu!»
«Ich höre, Noah. Ich höre.»

 «Du wirst alle Gäste in die Arche geleiten und willkommen heißen. Eile dich.»

Marabu flog am wolkenlosen Himmel eine große Schleife, und Noah wußte, Marabu hatte ihn verstanden.

Am Morgen des achten Tages, als die Sonne rubinrot hinter den Hügeln auftauchte, sah Noah die Tiere kommen. Sie zogen wie eine Karawane auf die Arche zu, seltsam

friedvoll, fast feierlich. Ganz so, als wüßten sie, daß keine Zeit für Händel, Zank und Rangkämpfe war. Noah hörte nur das leise Hoppeln, Schnaufen, Scharren, Wispern, Brummen und Tappen vieler Füße und vieler Stimmen. Der einzig schrille Ton war das kleine törichte Lied des Heupferdchens. Es zirpte unverdrossen und ohne Ende immer wieder dieselbe kurze Melodie.

22 Über dem seltsamen Zug kreiste Marabu als stummer Wächter. Noah fühlte, wie ihn eine große traurige Zärtlichkeit überkam für alle diese Geschöpfe, die da so ganz ohne Geschrei, ohne Rangeln und Klagen Marabus Einladung gefolgt waren.

Nur wenige Schritte vorm Eingang der Arche hielt der lange wunderliche Zug inne.

«Willkommen alle!» sagte Noah herzlich. «Marabu wird euch einlassen. Marabu wird auch zu jedem von euch ein paar Worte sagen. Denn nicht alle kennt ihr euch untereinander.»

Dann stapelte Noah siebzehn dicke zerlesene Bücher neben dem großen Vogel auf.

«Du brauchst nur vorzulesen. Es steht alles drin.»

 «Gut, fangen wir an!» sagte der große Vogel.

Marabu stellte als ersten den kleinen Igel vor, der bei Noahs Begrüßung voller Eifer sofort nach vorn getrippelt war.

Der Igel ist ein echter Stachelritter. Seine wirksame Waffe trägt er als Rüstung auf dem Rücken. Bei Gefahr rollt er sich ratzfatz zu einer Stachelkugel zusammen. Seine Lieblingsspeisen sind Schnecken, Regenwürmer, Insekten und Mäuse. Zur kalten Zeit hält er Winterschlaf und wacht erst in der warmen Frühlingssonne wieder auf. Der einzige Todfeind dieses tapferen Lebenskünstlers ist das Auto.

26 Das Zebra lebt in der afrikanischen Steppe und sieht ein bißchen aus wie ein quergestreiftes Pferd. Zu einer Zebrafamilie gehören ein Hengst, mehrere Stuten und ihre Fohlen. Kommen andere Hengste zu Besuch, gibt es eine Begrüßungsvorschrift: Naseschnuppern, Bauchberiechen, Kopfreiben an den Flanken und zum Abschied einen kleinen, vergnügten Hopser.

Es gibt viele **Eulenarten**: vom kleinen Kauz bis zum großen Uhu. Sie sind Mäusefresser, jagen nachts und können hervorragend sehen und hören. Weil Eulenaugen nur nach vorn schauen können, haben die Vögel einen um so beweglicheren Hals. Schleiereulen können «schnarchen», Waldohreulen erkennt man an ihren Federohren und das Steinkäuzchen an seinem «Kuwitt-kuwitt». 27

28 Es gibt mehr Tiere, die ihre Jungen so praktisch im Beutel bei sich tragen, als man glaubt. Die **Känguruhs** kennt allerdings jeder. Die größten Arten sind menschengroß, können fast neunzig Stundenkilometer rennen und über dreizehn Meter weit springen. Aber nicht nur einmal, sondern hintereinanderweg! Junge Känguruhs leben die erste Zeit nach der Geburt versteckt in Mamas Beutel.

Dort sind auch die Zitzen für die Milchversorgung. Sogar viel später noch, wenn die Kleinen schon viel zu groß sind für den Beutel, sausen sie bei Gefahr blitzschnell zur Mutter und hechten kopfüber in dies schöne warme Versteck. Dann drehen sie sich einmal um sich selbst und können schließlich vom sicheren Platz aus nach dem Ausschau halten, was sie so erschreckt hat.

30 Weil der Oberkiefer dieses Käfers wie ein kleines Geweih aussieht, hat man ihn Hirschkäfer genannt. Mit den geweihartigen Zangen können die Käfermännchen um gute Freßplätze oder eine schöne Käferin zanken. Eigentlich aber sind es friedfertige Gesellen, die am liebsten den süßen Saft aus Eichenstämmen schlecken. Eichenwälder und Hirschkäfer sind heute leider im Verschwinden.

Das Geweih des Hirsches ist Waffe und Schmuck, aber auch ein beschwerliches Gestell auf dem Kopf. Es kann zwischen zwanzig und dreißig Pfund wiegen, wird aber im Frühjahr abgeworfen. Dann sieht der Hirsch plötzlich ziemlich kahl aus. Hirsche waren ein beliebtes Geschenk in Fürstenhäusern. Und ein römischer Kaiser ließ sich sogar von zahmen Hirschen ziehen.

32 Der Grizzly ist nicht der größte aller Bären (das ist nämlich der Kodiakbär), aber mit mehr als zwei Meter Größe und 500 Kilo Gewicht auch nicht ohne. Grizzlys leben hauptsächlich in Alaska und geschützten Gebieten Kanadas. Wie alle Bären schlafen sie den Winter über in Höhlen, meistens ist es eine Felshöhle. Manchmal graben sie sich den Schlafplatz auch selbst und polstern ihr Bett

in einer Erdvertiefung mit Moos, Gras und Zweigen. Dort dösen sie im Halbschlaf bis zum Frühjahr. In der Bärenhöhle bekommt die Bärin auch ihr Junges. Die Bärin wacht bei der Geburt nicht mal richtig auf, denn ihr Kind ist winzig und wiegt gerade mal 500 Gramm. Bärenmütter sind sehr liebevoll, verteidigen ihre Kinder ungeheuer mutig und ziehen sie mit Hingabe groß.

34 **Waschbären** sind schlaue und sehr, sehr neugierige Kleinbären. Ihre eigentliche Heimat ist Amerika. Aber seit einigen Jahrzehnten gibt es sie auch in Waldgebieten bei uns. Sie ernähren sich von Kerbtieren, Obst, Beeren, Bucheckern, Mais und gern auch mal von leckerem Fisch. Ihr Fellchen ist dicht und schön und der buschige Schwanz mit hell-dunklen Ringen gezeichnet.

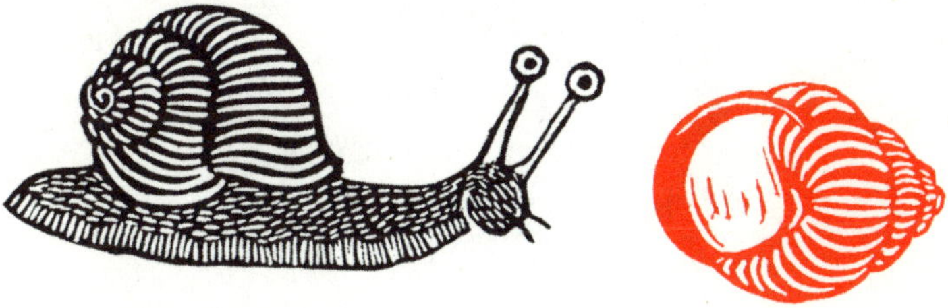

Die Weinbergschnecke gehört zu den Schnirkelschnek-ken. Ihre Eier legt die Schnecke in ein Erdloch. Nach etwa 25 Tagen schlüpfen die fertigen Schnecklein aus. Noch sind die Gehäuse zart und durchsichtig wie Glas. Den Winter verbringt die Schnecke im geschützten Erdloch, macht – klapp – einen Winterdeckel vor ihr Haus und wartet den Frühling ab.

36 **Kaiserpinguine** sehen aus wie Herren im Frack, sind gesellig und leben zu Zigtausenden in der Antarktis. Sie sind glänzende Schwimmer und pfeilschnell bei der Fischjagd. Die Eier werden dann gelegt, wenn das Meer an der Küste eine Eisdecke bekommt. Während die Weibchen nach dem Legen ins offene Meer zurückkehren, brüten die Männchen allein auf dem Eis und müssen neunzig Tage ohne

Nahrung auskommen. Bei Schneestürmen und Temperaturen von minus 40 Grad rücken sie eng zusammen. Damit keiner erfrieren muß, gehen sie ständig im Kreis herum und wechseln sich regelmäßig ab. Mal trotten sie im eiskalten Außenkreis, mal dürfen sie sich im Innenkreis «aufwärmen». Mit fünf Monaten sind die kleinen Pinguine soweit, daß sie ins Meer dürfen.

38 **Gänse** sind treu, wachsam und klug. Die Gans Mimi rettet im Märchen dem Zwerg Nase sogar das Leben. Gänse können laut, leise, rasch und langsam gackern, schnattern und wispern. «Hier bin ich – wo bist du?» heißt in der Gänsesprache «wiwiwiwiwi?» Aber das verstehen nur gescheite Menschen wie Selma Lagerlöf und Konrad Lorenz. Unsereins ist für das Graugänsisch leider zu dumm.

Füchse gibt es im heißen Afrika und im Polarschnee. Der Rotfuchs bei uns sucht seinen Bau am liebsten im Wald, verzehrt Wühlmäuse, Schnecken, Larven, Mistkäfer, Kerbtiere und liebend gern Blaubeeren und reife Pflaumen. Er gilt als vorsichtig und gewitzt. Im Märchen wird er als Gänsedieb verleumdet. Tatsächlich aber gelingt es ihm höchstens im Kinderlied mal, eine Gans zu schnappen.

40 **Flußpferde** sind in Afrika zu Hause. Tagsüber stehen (oder liegen) sie gern im seichten Wasser. Nachts weiden sie an Land. Sie sind gesellig, und die Mütter kümmern sich rührend um die Jungen. Ein Flußpferdkind geht immer an der geschützten Seite, wo keine Gefahr droht. Wasservögel benutzen die «Hippos» mit den kleinen Ohren gern als Ruheplatz und Taxi, picken aber zum Dank Larven und

Insekten von der dicken Haut. Obgleich das Flußpferd mehr als die Hälfte seines Lebens im Wasser zubringt, ist es kein Leistungsschwimmer. Während die Robben und Wale stromlinienförmig fürs Wasser gebaut sind, erinnert das wuchtige Flußpferd eher an eine Süßwasserboje: Am liebsten prustet es im flachen Wasser herum, wo keine starke Strömung geht und es gemütlich Schilf weiden kann.

42 Die **Heidschnucke** ist ein kleines Hausschaf mit kurzem Schwanz und schwarzem Gesicht. Große Schafherden knabbern sich durch die Lüneburger Heide. Lämmchen sind schon wenige Stunden nach der Geburt putzmunter. Dem Schäfer schenkt die Schnucke sechs Pfund schönster Wolle im Jahr. Und weil die Schafe gutmütig sind, werden sie vom Menschen blödes Schaf gescholten.

Der **Kuckuck** heißt, wie er singt. Er ist ein arbeitsscheuer Geselle, baut kein Nest, brütet und füttert nicht. Die ganze Plackerei überläßt er den Zieheltern. Denen schmuggelt er sein Kuckucksei ins Nest, schmeißt die Eier der überrumpelten Pflegeeltern hinaus und überläßt die Arbeit einem viel kleineren Singvogel, der sich mit dem fetten, großen Nimmersatt herumplagen muß.

44 Eigentlich sind Hausschweine sehr lebhafte Läufer. Man hielt sie früher auf der Weide in Eichen-, Buchen- und Kastanienwäldern. Schweine sind intelligente, empfindsame Borstentiere, Allesfresser und gelten bei uns als Glücksbringer. Weniger Glück haben sie selbst, weil der Mensch sie nur deshalb mästet, damit er schnell aus ihnen Wurst, Speck und Braten machen kann. Es gibt sogar lok-

kige, kraushaarige Hausschweine: das sind die Wollschweine aus Ungarn. Sie heißen Mangalitzaschwein und sind – wie alle Schweine – entgegen ihrem falschen Ruf reinlich, klug und gesellig. Deshalb ist es scheußlich, wenn man sie in den Massenbetrieben in enge Boxen pfercht und ihnen nicht mal einen halben Meter Bewegungsraum gönnt.

46 **Kaninchen** buddeln sich verwinkelte Bauten mit mehreren Ausgängen. Am sichersten Punkt wird dann ein kuscheliges Nest aus den weichen Haaren der Mutter gebaut, und die Kleinen haben es da warm und sicher. So macht es nichts aus, daß sie nackt geboren werden und erst nach vierzehn Tagen sehen können. Mit unseren großen Zuchtkaninchen, die traurig im Käfig hocken, darf man sie

nicht verwechseln. Hasen sind mit Kaninchen nicht verwandt und sehen auch ganz anders aus: viel größer, viel längere Ohren und viel längere Hinterbeine. Sie machen sich ihr Lager meistens auf den offenen Feldfluren. Es heißt Sasse, und dort werden auch die Jungen geboren: fix und fertig mit Fell und offenen Augen. Sofort nach ihrer Geburt können sie herumhoppeln, trinken und essen. 47

48 **Kolibris** nennt man auch «fliegende Edelsteine». Ihr prachtvoll metallisch schimmerndes Gefieder funkelt wie Rubin und Diamant. Die kleinsten dieser Vögel sind gerade so groß wie eine Hummel. Kolibris ernähren sich vor allem von Nektar. Mit bis zu achtzig Flügelschlägen pro Sekunde schwirren sie vor der Blütenkrone und holen mit dem langen Schnäbelchen Zucker aus dem Grund.

Der Nasenaffe hat eine gurkenförmige, zehn Zentimeter lange Riesennase. Sie ist ihm sogar beim Essen hinderlich. Dafür dient sie aber als Schallverstärker, wenn der Affe wie eine alte Baßgeige «honk-honk» ruft. Die Tiere hopsen unglaublich geschickt auf Mangrovenbäumen herum. Ihre Lieblingsspeise sind Knospen von jungen Blättern, Sumpfpflanzen und kleine bittere Waldfrüchte.

50 **Elefanten** sind klug, sanft, intelligent und die größten, schwersten Säugetiere zu Lande. Sie können 70 Jahre alt werden. Ausgewachsen braucht ein Elefant am Tag etwa 400 Pfund Pflanzennahrung und 70 Liter Flüssigkeit. Elefanten sind tolle Schwimmer und können sich lautlos und leicht bewegen. Die Kinder werden nicht nur von der eigenen Mutter zärtlich betreut, sondern in einer Art Kin-

derhort auch von freundlichen «Tanten». Der Elefant hat eine dicke Haut und eine zarte Seele, bewegt sich mit großer Gelassenheit, kann aber in Gefahr schneller laufen als der schnellste Mensch. Er wäscht, massiert und pudert seine Haut täglich sorgsam mit feinem Sand. In Gefangenschaft bedecken sich Elefanten oft mit Stroh und Blättern. Wenn sie trauern, weinen sie salzige Tränen.

52 Der Admiral gehört zu den Wanderfaltern. Diese Schmetterlinge fliegen jedes Jahr aus Nordafrika nach Norden. In großen Verbänden schaffen sie diese gewaltige Reise und pflanzen sich nach ihrer Ankunft im Norden fort. Schmetterlinge sind Verwandlungskünstler: Die Raupe verwandelt sich in eine Puppe, die Puppe in einen schwebenden, herrlich bunten Schmetterling.

Die Galapagos-Riesenschildkröte lebt auf dem trockenen Lavaboden dieser Inseln. Weil sie aber Wasser braucht, wandert sie ins Hochland. Dort findet sie Pflanzen und Trinkwasser, suhlt sich in Tümpeln, trinkt und frißt. Danach bewegt sie sich auf demselben Trampelpfad wieder in die Niederungen. Leider haben Seeräuber, Walfänger und Schildkrötensuppenesser dieses Tier fast ausgerottet.

54 **Wildschweine** leben scheu und heimlich. Ihre besten Waffen sind die scharfkantigen und spitzen Eckzähne. Sie leben gesellig in Rotten von 6 bis 10 Tieren. Eine Rotte besteht meistens aus einem oder mehreren Muttertieren, den Jungen vom Vorjahr und den «Frischlingen». So heißen die jüngsten Kinder. Sie fressen Maikäferlarven und die schädlichen Kiefernspannerraupen, sind also un-

entbehrlich für einen gesunden Wald. Im kalten Winter ruhen sie in molligen «Winterlagern». Die Wildschweinmütter (Bachen) sind dort mit ihren Jungtieren zusammen. Die Keiler ruhen getrennt von ihnen. Wenn im tiefen Winter hoher Schnee liegt, bewegen sich alle Schweine im Gänsemarsch. Im Sommer suchen sie Suhlen auf, wo sie trinken, sich kühlen und suhlen können.

56 **Seehunde** ruhen gern im seichten Wasser an sandigen Küsten. Auf Sandbänken im Wattenmeer leben sie in kleineren Trupps. Sie verzehren am liebsten Küstenfische, deshalb sind manche Fischer ihnen leider nicht grün. Verlassene kleine Seehundkinder können herzzerreißend weinen, deshalb werden sie «Heuler» genannt. An der Küste gibt es für diese Seehundwaisen Tierstationen.

Ohrentaucher sieht man im Winter bei uns an der Ost- und Nordseeküste. Weil ihre Beine weit hinten angesetzt sind, können sie nur schlecht laufen. Der Renntaucher allerdings kann beim Balzen tatsächlich übers Wasser rennen. Beide Arten gehören zur Familie der Lappentaucher. Obgleich die Ohrentaucherkinder sofort gut schwimmen können, nehmen die Eltern sie manchmal huckepack.

58 **Krokodile** leben im Süßwasser von heißen Ländern. Tagsüber liegen diese großen Panzerechsen stundenlang fast unbeweglich auf dem Bauch, dösen faul im Ufersand und lassen sich die Sonne auf die Haut brennen. Das Weibchen legt während der Trockenzeit etwa vierzig Eier in eine Nestgrube, deckt sie sorgfältig ab und hütet sie vor Eiräubern. Nach elf bis vierzehn Wochen schlüpfen die

kleinen Krokodile. Bevor sie aus dem Ei kriechen, kann man sie schon laut quäken hören. Nilkrokodilmütter behüten ihre Jungen ähnlich sorgsam wie Entenmütter. Die Kinder klettern ihnen gern auf den Kopf und paddeln im Wasser eifrig hinter ihnen her. Die Krokodilmutter bringt immer nur wenige Junge durch. Geier und andere Feinde schnappen sich die Kleinen gern als leckere Beute.

60 Der Maulwurf ist ein rüsselmäuliger Geselle mit schwarzem Samtfell und rosa Grabhändchen. Unter der Erde baut er sich eine Wohnung mit Tunneln, Gängen und Vorratskammern. Dabei entstehen die Maulwurfshügel. Obwohl er ein hervorragender Schädlingsvertilger ist, wird er von Menschen vertrieben. Einer dieser schwarzen Kerlchen ist unter dem Namen Grabowski berühmt geworden.

Nicht aus jedem **Frosch** wird ein Prinz. Der Grasfrosch auf unseren feuchten Wiesen wird zehn Zentimeter lang und hüpft braungrün durchs Leben. Grasfrosch-Kaulquappen sind stets die ersten im Tümpel. Im Juni wird aus der Quappe ein Fröschlein. Es führt dann ein Nachtleben in Wiesen und Wäldern. Der redetüchtigste und lustigste Frosch kommt aus Amerika und heißt Kermit.

62 Der Blauwal ist das größte aller heute lebenden Tiere. Obwohl er im Wasser lebt, ist er ein Säugetier. Bei der Geburt ist das Junge bereits sieben bis acht Meter lang. Ausgewachsen kann der Wal 30 Meter lang werden und 130 Tonnen (!) Gewicht erreichen. Die wunderbaren Meeresriesen ernähren sich von winzigen Krillkrebsen. Sie haben einen stromlinienförmig gebauten Körper und können

sehr tief und sehr lange tauchen. Wale haben eine eigene Sprache: Töne von großer Schönheit, die an kunstvollen Gesang erinnern. Menschen denken aber nicht an Lieder, sondern ans Geld. Millionen Wale werden getötet. Aus diesen herrlichen Meeresriesen werden Margarine, Seife, Waschpulver, Glyzerin, Lacke, Fischköder, Schuhcreme, Knöpfe und Zigarettenspitzen gemacht.

64 Man nennt ihn König der Lüfte – den herrlichen großen Seeadler. Er hat eine Flügelspannweite von etwa zwei Metern und kann in schier unglaublicher Geschicklichkeit fliegende Fische und fliegende Vögel erbeuten. Bei den Azteken war der Adler Symbol des Sonnengottes. Die Amerikaner haben den Weißkopfadler zum stolzen Wappentier der Vereinigten Staaten gemacht.

Von allen Menschenaffen sind **Gorillas** die größten. Die meisten leben in den Urwäldern Afrikas und ernähren sich von Pflanzen. In Gorillafamilien gibt es eine feste Rangordnung und darum ein friedliches Zusammenleben. Etwa alle vier Jahre bekommt das Gorillaweibchen ein Kind. Weil ihr natürlicher Lebensraum immer enger wird, sind die Gorillas vom Aussterben bedroht.

66 **Strauße** sind die größten Vögel der Welt. Sie können phantastisch laufen, aber nicht fliegen. Sie werden etwa drei Meter hoch und wiegen bis zu 300 Pfund. Sie leben in der Savanne, im Bergland und auch im Dickbusch. Bei Straußen gibt es Vielweiberei: ein Strauß hat eine Haupthenne und zwei Nebenhennen. Straußeneier sind groß und schwer und wiegen etwa drei Pfund. Beim Laufen

schaffen die geselligen Vögel fünfzig Stundenkilometer, auf Kurzstrecken sogar siebzig. Ihre Schritte bringen es mühelos auf dreieinhalb Meter. Die wunderbaren wallenden Schmuckfedern sind den Vögeln zum Verhängnis geworden: Weil die Damenmode ganz verrückt auf Straußenfedern war, wurden die Tiere in Nordafrika und Ägypten ausgerottet.

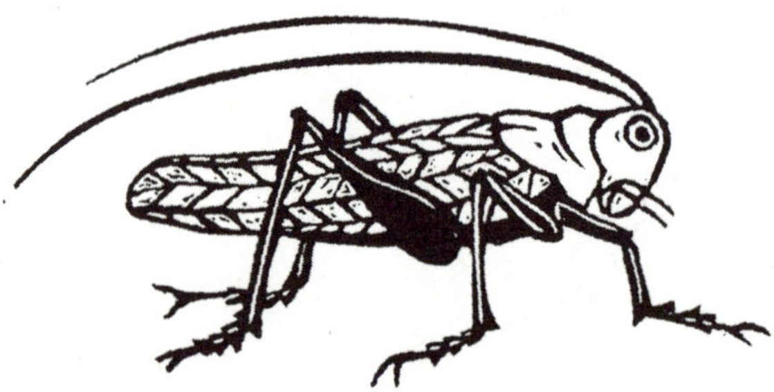

68 Das grüne **Heupferdchen** ist kein kleines Pferd, sondern ein Insekt. Die Heupferdchen bringen eine sehr poetische Nachtmusik hervor. Die grünen Musikanten sitzen dabei auf Bäumen oder Büschen. Heupferdchenmusik entsteht durch das Streichen der Schrillader über die Schrillkante, nahe am Flügelgelenk. Das schöne Zirpkonzert wird meistens von Männchen, selten von Weibchen veranstaltet.

Ein **Tiger** muß für seine Beute schwer arbeiten. Oft ist er viele Nächte hintereinander erfolglos auf der Jagd. Über Jahrtausende haben Menschen den Tiger als reißende «Bestie» verfolgt und getötet. Heute gehören diese königlichen Großkatzen, deren Heimat Indien, China, Sumatra und Sibirien ist, zu den bedrohten Arten und werden elend in Zoos und im Zirkus vorgeführt.

70 **Elche** gehören zu den größten Hirscharten, haben schaufelförmige Geweihe, einen kurzen Hals und besonders lange Beine. Elche sind Waldtiere, lieben lange Wanderungen und können hervorragend schwimmen. Berühmt wurde Tschuk, ein zahmer Elch aus Livland, der mühelos durchs offene Fenster ins Wohnzimmer des Försters sprang und ihm treu wie ein Hund folgte.

Das Chamäleon verblüfft durch seine tollen Tricks, die Farbe zu wechseln, und seltsam bewegliche Augen, die in ganz verschiedene Richtungen blicken können. Es hat Füße wie Greifzangen und klettert stets bedächtig auf Bäumen und Sträuchern herum. Heuschrecken sind seine Hauptspeise. Wie der Blitz schnellt die Echse ihre lange Zunge hervor und schnappt sich, was ihr schmeckt. 71

72 Das Spitzmaulnashorn lebt in Afrika, kann zwei Tonnen schwer werden und gehört zu den gewaltigsten Landtieren. Es ist zwar ziemlich kurzsichtig, hat dafür aber feinste Ohren und einen fabelhaften Geruchssinn. Es liebt Staub- und Schlammbäder, kann aber nicht gut schwimmen. Ein neugeborenes kleines Nashorn kann schon nach zehn Minuten aufstehen, es tappt bereits nach einer Stunde neu-

gierig umher, trinkt bei seiner Mutter und legt sich dann schlafen. Das Nashornkind saugt zwei Jahre lang und bleibt meistens dreieinhalb Jahre bei der Nashornmutter. Wie alt die Nashörner werden, kann man nicht genau sagen: wahrscheinlich aber etwa fünfzig Jahre. Das älteste Nashorn der Welt ist 481 Jahre alt: Albrecht Dürer hat es 1515 für alle Freunde der Dickhäuter gezeichnet.

74 Lachse sind Wanderfische. Sie wachsen im Süßwasser der Flüsse auf, ziehen später ins Meer und steigen ausgewachsen wieder auf in die Flüsse, um zu laichen. Es bleibt ein Geheimnis, wie Lachse den Weg zurück in die Flußheimat finden. Flußaufwärts zu schwimmen, gegen starke Strömung, ist eine unvorstellbare Energieleistung. Dennoch legen Lachse gewaltige Strecken in kurzer Zeit zurück.

Im alten Ägypten waren **Katzen** heilig. Besucher brachten nicht dem Hausherrn, sondern der Katze kleine Geschenke mit. Katzen mögen Mäuse, Käse und den Duft von Baldrian. Sie spielen gern mit Wollknäueln, Bällchen und finden Kartons zum Verstecken unwiderstehlich. Einer aus der großen Katzenschar hat im Märchen Karriere gemacht: der Gestiefelte Kater von Perrault.

76 Die letzte **Dronte** lebte vor mehr als zweihundert Jahren auf der Insel Mauritius. Dronten waren kurzbeinig, etwas größer als ein Truthahn und konnten nicht fliegen, leider nur watscheln. Die weißen Entdecker der schönen Insel im Indischen Ozean machten Jagd auf den guten, etwas tolpatschigen «Dodo» und rotteten ihn völlig aus. Heute gibt es nur noch ein paar Zeichnungen von ihm.

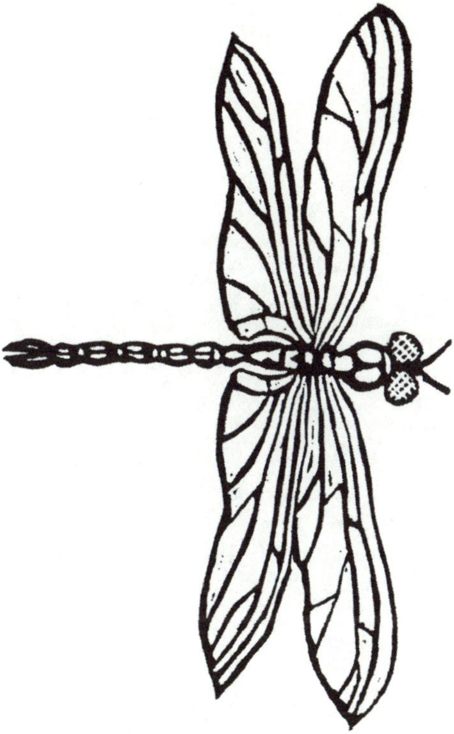

Libellen sind schnelle Jäger und fangen ihre Beute im Flug. Mit bis zu fünfzig Stundenkilometern düsen sie durch die Jagdreviere. Sie haben riesige Facettenaugen und Flügel, die sie nicht falten können. Die prachtvoll schillernden Flügelpaare sind von einem zarten Adernetz durchzogen. Libellen leben an Teichen und Flußufern. Die blaugrüne Mosaikjungfer ist die schönste.

78 Die **Schabrackenschiracke** gehört zur Gruppe der gemeinen Tarnfüßer. Sie ist gefürchtet als eines der verheerendsten Un-Tiere unter den Säugern. Selbst haust sie in sicheren Verstecken und zerstört planvoll Lebensräume anderer Lebewesen. Raffiniert bedient sie sich dabei parasitärer niederer Blutsauger, die massenhaft verstrahltes Material (auch «Schirackenseuche») in intakten Gebieten

ausbreiten. «Du also bist die Schabrackenschiracke», sagte Marabu und sah sich die Kreatur genauer an. «Selbst unter den Un-Tieren noch von gemeinster Art. Und von so geringem Verstand, daß du nicht begreifen willst, daß die Zerstörung des Planeten irgendwann dich selbst trifft. Schiracke», sagte Marabu nun unversöhnlich, «Schiracke, für dich ist kein Platz in der Arche.»

80 **Delphine** sind berühmt für ihre große Intelligenz, Lernfähigkeit, Hilfsbereitschaft und Zuneigung zu Menschen. Sie haben ein angeboren freundliches Verhalten, Artgenossen in Not zu helfen. In vielen Fällen haben sie auch Menschen vor dem Ertrinken gerettet. Das sind weder Märchen, Fabeln noch Seemannsgarn, sondern wirkliche Erlebnisse. Weil sie leicht zu zähmen sind, werden sie in

Zoos noch immer zur Dressur abgerichtet. Das Leben als Show-Delphin ist stressig, traurig und führt zum frühen Tod. Wie köstlich ist dagegen ihr Leben in Freiheit: Im ausgelassenen Spiel ziehen die fröhlichen Trupps durch die Wellen, ihre glänzenden Leiber schnellen in tollkühnen Sprüngen fünf Meter hoch durch die Luft und wieder zurück ins Wasser.

82 Die **Streifenhyänen** sind scheue Nachttiere, Einzelgänger und ernähren sich hauptsächlich von Resten der Tierkadaver und dem, was die Geier übriglassen. In einigen afrikanischen Dörfern läßt man sie als kostenlose Müllschlucker arbeiten: Die Einwohner werfen ihre Abfälle aus den Hütten, und die Hyänen verzehren sie nachts. Daß sie schlafende Menschen überfallen, ist ein dummes Märchen.

Wüstenspringmäuse sind tolle Akrobaten: Sie können Meter hoch und weit springen. Dabei benutzen sie ihre Haarquaste am Schwanzende als Steuer. Die Schnurrhaare sind oft körperlang. Diese kleinen Turnkünstler können auch das leiseste Geräusch in der Wüste hören. Sie ernähren sich von Samen, Pflanzen und allerlei Käfern. Ein bißchen sehen sie aus wie klimperkleine Känguruhs.

84 **Giraffen** sind die höchsten Tiere der Erde, werden knapp sechs Meter groß und leben in der afrikanischen Steppe. Sie können vorzüglich sehen und sich ausgezeichnet gegen Feinde verteidigen. Ihre starken Vorderhufe sind eine schmerzhafte Waffe gegen angreifende Raubkatzen. Obgleich es Rangunterschiede in der Gruppe gibt, sind Giraffen sehr friedlich. Wenn die Giraffen trinken, müssen

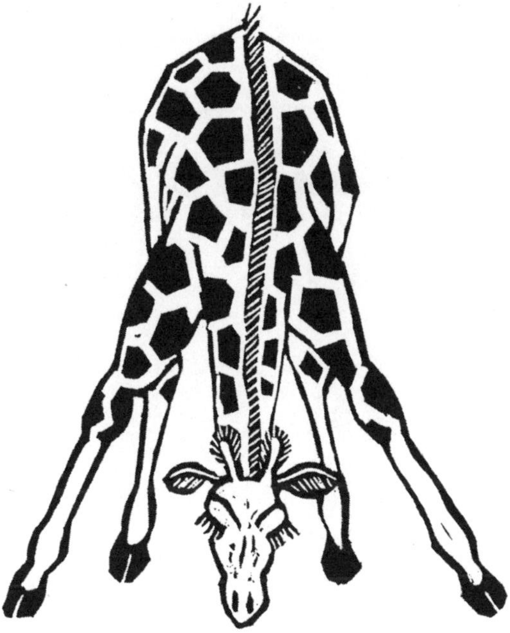

sie ihre Vorderbeine einknicken oder grätschen. Das sieht wie eine komplizierte Turnübung aus. Die Kinder werden im Stehen geboren und stürzen bei der Geburt etwa zwei Meter tief ab, drehen sich aber glücklicherweise im Fallen und landen dann auf dem Rücken. Zur Lieblingsspeise der Giraffen, die sich von Blättern und Zweigen ernähren, gehören die Akazien.

86 Mausohr-Fledermäuse halten Winterschlaf in Baumhöhlen, alten Gemäuern und auf Dachböden. Tags schlafen sie, nachts gehen die Flattertiere auf Beutejagd und orientieren sich durch Ultraschall. Fledermäuse vertilgen gewaltige Mengen von Insekten und sind besonders nützlich. Sie gehören zu den geschützten Arten, weil ihr Bestand durch Umweltverschmutzung stark bedroht ist.

Biber sind hervorragende Landschaftsarchitekten und Burgenbauer. Sie bauen aus Holz, Steinen, Schlamm und Schilf riesige Biberwohnanlagen und Dämme, die stets so klug errichtet sind, daß die Zugänge der Burgen immer unter Wasser liegen. Denn Wasser ist das Lebenselement dieses Nagetiers mit dem köstlichen Pelz. Biber sind meisterhafte Holzfäller und glänzende Schwimmer.

88 **Giftschlangen** sind meistens klein und beweglich, aber die Königskobra wird mehr als fünf Meter lang. Das hört sich ziemlich unheimlich an. Doch sie lebt hauptsächlich von Kleintieren wie Mäusen und Eidechsen. Sie ist scheu wie alle freilebenden Tiere. Und man wird ihr höchstens in Gefangenschaft begegnen. Übrigens ist sie ihren Jungen eine fürsorgliche Mutter. Schlangen sind vielseitig: Man-

che legen Eier, brüten sie aus oder überlassen dieses Geschäft der Sonne. Besonders, wenn sie im heißen Wüstensand leben. Andere Arten wie die Kobra gebären ihre Jungen. Und die sind von der ersten Lebenssekunde an ausgerüstet für ihr Schlangenleben: nämlich mit gefährlichen Giftzähnchen und Pfeilgeschwindigkeit. Kobras suchen ihre Beute meistens in der Dämmerung.

90 Stinktiere oder Skunks gehören zur Familie der Marder und leben in Nord- und Südamerika. Wenn sie sich bedroht fühlen, verspritzen sie, manchmal sogar im «Handstand», einen übelriechenden Saft, der auch Bären, Pumas und Luchse vertreibt. Skunks sind Allesfresser, sie graben gern Wespennester aus, stehlen auch aus Bienenstöcken die Waben und verzehren sie mit bestem Appetit.

Hühner sind keine dummen Legeautomaten, sondern bewegungshungrige Lauf- und Scharrvögel. Sie werden sogar zahm und sind nach Aussehen und Temperament sehr verschieden. Es gibt Zwerge und Riesen, Kämpfer und Kräher. Der Hahn ist «Chef» auf dem Hühnerhof und zu seinen vielen «Damen» sehr ritterlich. Tierfabriken sind ein schlimmes Gefängnis für die Hühner.

92 Geparde leben in der afrikanischen Trockensavanne und sind phantastische Läufer und Hetzjäger. Ihre Beute machen sie meistens von einem Hügel oder anderen hochliegenden Beobachtungsposten aus. Eng an den Boden gedrückt und immer in Deckung, pirschen sie sich lautlos heran. Erst wenn sie sich auf etwa zwanzig Meter genähert haben, sprinten sie los. Der Rücken ist wie ein Bogen ge-

spannt. Das schnellste unter allen Säugetieren scheint dann mehr zu fliegen als zu laufen. Allerdings kann es das Spitzentempo von 120 Stundenkilometern nur kurz halten. Für eine Gepardin ist es sehr schwer, ihre Jungen allein aufzuziehen. Während sie Beute macht, werden die noch hilflosen Kleinen oft von anderen Raubtieren überfallen und gefressen.

94 Das Dromedar nennt man spaßeshalber auch Wüstenschiff. Ohne diese Tiere hätten die Menschen niemals in den heißen, öden Landstrichen überleben können. Tiervater Alfred Brehm verstand leider weder von Kamelen noch Dromedaren etwas. Er nannte sie stumpfsinnig, dumm und feige. Erfahrene Karawanenführer dagegen rühmen die Klugheit der ausdauernden Trampeltiere, die

unentbehrliche Helfer des Menschen sind. Blödes Kamel ist also ein blödes Schimpfwort. Kamel und Dromedar werden leicht verwechselt. Beide leben als Last- und Arbeitstiere in heißen Wüstengebieten. Das Kamel hat zwei, das Dromedar einen Höcker. Kamele sind Wiederkäuer, haben dichtes, wolliges Fell und verschließbare Nasenlöcher. Das ist bei Sandstürmen lebensrettend.

96 Kraken sehen aus wie ein Sack mit acht ellenlangen schlängeligen Armen. Damit kann der Krake seine Beute packen. Sehr praktisch! Kraken gibt es in 170 verschiedenen Arten von den Kanarischen Inseln bis zur Nordsee. Ein Krake in der Nordsee wird nur etwa siebzig Zentimeter lang, im Mittelmeer bringt er es auf drei Meter Länge. Kraken kriechen und stelzen auf dem Meeresboden

herum oder liegen in ihrer Unterwasserhöhle und lauern auf Beute. Das sind vor allem Krebse, Krabben und Muscheln. Wenn sie in ernsthafte Gefahr beim Kämpfen kommen, versprühen sie aus ihrem Tintenbeutel Farbstoff. Wenn das Kampfgebiet total vernebelt ist, können sie ihr Opfer (etwa einen wehrhaften starken Hummer) mühelos überwältigen.

98 Der Spatz heißt eigentlich Sperling und ist ein treues Ehemännchen. Spatzen folgen den Menschen in die Städte, da müssen sie leider vorwiegend vom Abfall leben. Auf dem Land aber gibt es Samen, Knospen, süßes Obst, Insekten und Larven zu essen. Spatzen bauen sich ein «unordentliches» Nest in Spalten und Nischen von Bauten, aber auch zwischen Efeu und Klettergewächsen.

Tapire haben einen Elefantenrüssel, Pferdehufe und Bewegungen wie ein Nashorn. Dieses interessant aussehende Geschöpf lebt in Mittelsüdamerika und Asien. Tapire sind vorsichtige Einzelgänger, die im Wald leben. Tapirkinder saugen Muttermilch wie kleine Ferkel: nämlich im Liegen. Die Mutter bettet ihren Kopf stets neben ihr Kind und schleckt es so lange zärtlich ab, bis beide einschlafen.

Als der Tapir die Arche betreten hatte, war die Sonne schon im Untergehen. Marabu wollte gerade mit Noah hinter dem letzten Tier die schweren Türen schließen, als atemlos über die Hügel zwei Hunde gehetzt kamen. «Nun, **Bulldog**», sagte Noah freundlich, «wen hast du da mitgebracht?» – «Meinen Freund», sagte der Bulldog bittend. Und der kleine **Boston-Terrier** neben ihm sah ebenso

dringlich bittend zu Noah auf. «Freunde dürfen niemals getrennt werden. Kommt herein!» sagte Noah freundlich. «Es fehlen ohnehin noch Abertausende von Tieren. Die werden wir morgen einlassen.» Und Marabu machte den guten Vorschlag, eine Liste mit allen fehlenden Tieren aufzustellen. – «Und mit einem Bild», ergänzte Noah. «Du kannst am besten erklären, wie so etwas gemacht wird.»

Marabus kleine Stempelschule

«Stempel selber machen ist gar nicht schwer!»

Zum Stempelschneiden braucht man nur ganz einfaches Werkzeug und Material und keine umständlichen Vorbereitungen.

«Das muß man einkaufen!»

Gummiplatten

Im Handel gibt es jetzt spezielles Material aus Naturkautschuk (Bezugsquelle S. 125), oder man probiert am Anfang für kleinere Stempel Radiergummis aus. Allerdings eignen sich nicht alle Materialien zum Schneiden.

Linolschnittwerkzeuge

Dazu gehört ein spezieller Griff für auswechselbare Linolschnittmesser. Diese Messer werden, ähnlich wie Federn in einen Federhalter, auf den Griff gesteckt.

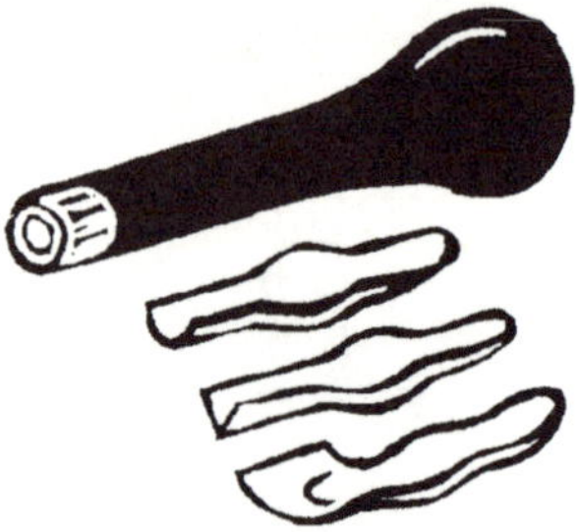

Stempelfarben

Es gibt viele schöne wasserlösliche und ungiftige Stempelfarben. Sie sind auf jeden Fall besser als Dokumenten-Stempelfarben, die man gewöhnlich im Büro benutzt und die giftig und nicht abwaschbar sind.

Stempelgriffe

Im Stempelgeschäft kann man fertige Stempelgriffe in unterschiedlichen Größen kaufen. Billiger und genauso zweckmäßig sind einfache Holzklötzchen, auf die dann die fertigen Stempel aufgeklebt werden.
Dazu nimmt man am besten Kontaktkleber oder doppelseitiges Klebeband.

Papier

Stempeln kann man auf fast allen Papiersorten. Wenn das Papier ein bißchen rauh ist und die Farbe etwas aufgesaugt wird, geht es besonders gut.

Transparentpapier

Alle Motive, die in die Gummiplatte geschnitten werden, erscheinen beim Stempeln, genau wie in einem Spiegel, seitenverkehrt. Darum ist es gut, wenn man Vorzeichnungen mit einem weichen Bleistift auf ein Stück durchsichtiges Transparentpapier macht. Wenn man dieses dann umdreht und die Linien von der Rückseite mit einem harten Stift nachzieht, erscheint das Motiv auf der Gummiplatte seitenverkehrt. Das heißt, nachher wird sie mit dem Druck wieder richtig.

«Kann's jetzt
endlich losgehen?»

Unsere Stempeltechnik gehört zu den sogenannten Hochdruckverfahren, so wie der Linol- oder der Holzschnitt. Alles, was man wegschneidet, ist unwiederbringlich weg. Nur das, was stehenbleibt, kann vom Stempelkissen Farbe aufnehmen und drucken. Daran muß man unbedingt denken.

Am besten fängt man mit einem ganz einfachen Motiv an. Dieses muß zuerst auf die Gummiplatte gezeichnet werden. Das kann man direkt mit einem Kugelschreiber oder einem feinen Filzstift tun, oder man überträgt die Zeichnung, die man mit einem weichen Bleistift auf ein Stück

Transparentpapier gemacht hat, auf die Gummiplatte. Dazu klebt man das umgedrehte Transparentpapier mit Tesafilm auf die Gummiplatte und zieht, am besten mit einem Kugelschreiber oder einem harten Bleistift, die Linien der Zeichnung nach, so daß sich der Graphit des weichen Bleistifts auf das Gummimaterial abdrückt. Jetzt wird die Vorzeichnung, damit sie nicht verwischt, mit einem feinen Filzstift nachgezogen.

In jedem Fall muß man unbedingt an den spiegelverkehrten Druck denken. Das ist ganz besonders wichtig, wenn auf dem Stempel auch noch Schriften sind.

Wenn das Motiv auf die Gummiplatte aufgezeichnet ist, beginnt man damit, an den äußersten Linien entlangzuschneiden.

Dabei sollte man fast keinen Druck ausüben, denn das Material ist sehr weich und geschmeidig. Auf keinen Fall tief in das Gummi hineinschneiden, also das Werkzeug eher flach halten und immer von sich weg, damit man sich nicht verletzt.

Man lernt das Stempelschneiden am besten, wenn man einfach anfängt, probiert und eigene Erfahrungen macht.

«Natürlich gibt es auch ein paar Tricks.»

Es empfiehlt sich, Ecken und Spitzen immer von zwei Seiten her zu schneiden, dann entstehen sie von ganz allein.

Einen weiteren Trick gibt es für kleine runde Flächen und Punkte: Man setzt das Messer an und dreht die Gummiplatte vorsichtig um das Werkzeug herum. Am Ende hat man einen kleinen kreisförmigen Graben um einen Punkt herumgeschnitten, der, wie hier, das Auge unseres Marabus sein kann.

Schön ist es, wenn man die holz- oder linolschnittartige Technik betont und auch mal eine größere Fläche stehenläßt oder diese nur mit einem kleinen Muster verziert.
Am besten prüft man die Arbeit zwischendurch mit sogenannten *Zwischendrucken*. Manchmal sieht man dann, daß der Stempel eigentlich schon fertig ist und daß er auch so, ohne die letzten Feinheiten, schön ist.
Stempel können ganz verschieden aussehen. Sie können, wie eine normale Zeichnung, aus «positiven» oder aus «negativen» Linien bestehen.

Im letzteren Fall bleibt die Gummiplatte als Hintergrund stehen (sie kann dafür auch rund oder in irgendeiner anderen Form zugeschnitten werden). Dahinein werden dann Linien geschnitten, die beim Stempeln weiß erscheinen.

Je feiner «positive» Linien sein sollen, um so vorsichtiger muß man sein, denn schneidet man zu tief, können diese feinen Linien ausbrechen.

«Wird jetzt
endlich gedruckt?»

Wenn der Stempel fertig ist, sollte man noch einmal kontrollieren, daß keine störenden Teile mitdrucken können. Die sollten dann noch weggeschnitten werden. Allerdings kann es manchmal besonders schön sein, wenn man die «Technik» noch sieht. Wie im Marabufederkleid oder auch bei Landschaften, wo die Schnittspuren in Himmel und Wiese aussehen können wie Wolken oder Gras.

Jetzt wird der Stempel auf die Halterung aufgeklebt. Entweder mit einem Stückchen doppelseitigem Klebeband (da kann der Stempel allerdings nach häufigem Gebrauch auch mal verrutschen) oder mit Kontaktkleber.

Was man mit Stempeln machen kann

Stempeln macht großen Spaß, und außerdem kann man sich und anderen wunderschöne Geschenke damit machen.

«Hier sind
ein paar Beispiele!»

Briefpapier

Mit einem Stempel kann jeder einfache Papierbogen zu einem kleinen Kunstwerk werden. Man kann zum Beispiel ein Lieblingstier übers Papier marschieren lassen, auf und in verschiedenen Farben. Dazu noch die passenden Kuverts, und das schönste Geschenk ist fertig! Damit das Papier nie ausgeht, kann man den Stempel in einer schönen kleinen Schachtel gleich mitverschenken.

Dazu gehören auch gleich noch die passenden

Visitenkarten.

Dazu schneidet man aus etwas festerem Karton kleine Karten oder kauft schon fertiggeschnittene im Schreibwarenladen. Zum selbstgemachten Stempelmotiv gehören auch noch Name und Adresse, die mit einem gekauften Stempel aufgedruckt werden können.

Exlibris

So werden die kleinen Bilder genannt, die in Bücher geklebt werden, um zu zeigen, wem das Buch gehört. Dies ist schon ein schwierigerer Stempel, weil man außer EXLIBRIS (das heißt aus den Büchern) auch noch den Namen des Besitzers schneiden muß. Das Exlibris unseres Herrn Marabu könnte zum Beispiel so aussehen:

Gestempelt werden die Bildchen auf normales, dünneres Papier, am besten gleich ganz viele auf einmal. Exlibris sind nicht nur ein schönes Geschenk, sondern auch sehr nützlich für einen selbst, wenn man gerne Bücher an Freunde oder Freundinnen verleiht. Sie sollten allerdings ganz vorsichtig, mit wenig Klebstoff, in die Bücher geklebt werden, damit nichts beschädigt wird.

Postkarten

kann man zu allen Gelegenheiten verschicken: Geburtstags-, Hochzeits- oder Weihnachtskarten, Glückwunschkarten zu Prüfungen, zur Geburt eines Kindes oder einfach Grußkarten für zwischendurch oder von unterwegs. Verschiedene Motive können auch zu ganzen Bildern zusammengestempelt werden, die noch schöner aussehen, wenn dazwischen gemalt oder gezeichnet wird.

Einladungskarten

können für ihren ganz speziellen Anlaß mit Stempeln verziert werden. Und wenn sie dann noch in einem besonders schönen Kuvert verschickt werden, freuen sich alle noch mehr auf das Fest.
So lädt z. B. Marabu zu seinem Geburtstag ein:

Tischkärtchen

Damit bei großen und kleinen Festen jeder weiß, wo sein Platz am Tisch ist, gehört zu jedem Tischgedeck ein Tischkärtchen. Die Namen können mit der Hand geschrieben werden, und dazu gibt es für jeden ein schönes Stempelmotiv.

Man kann auch zwei Gästen das gleiche Motiv geben, die sich dann, nach dem Essen, bei einem Partyspiel als Paar zusammentun müssen.

Papierservietten

Wunderschön sehen einfache weiße oder einfarbige Papierservietten aus, wenn sie bestempelt sind. Man kann dabei die Ränder ringsherum mit sich wiederholenden Motiven bedrucken. Oder nach Lust und Laune auch nur einen einzelnen Stempel auf die gefaltete Serviette drucken.

Das gleiche kann man auch mit

Papiertischdecken

machen, die es auch von der Rolle gibt. Kreuz und quer bestempelt sieht so eine Decke lustig und bunt aus. Festlicher und edler wird sie, wenn man nur die Ränder bedruckt oder nur mit einer einzigen Farbe arbeitet.

Lesezeichen

werden aus festerem Karton geschnitten, gewöhnlich als schmale Streifen, z.B. 5 x 15 cm. Im Schreibwarenhandel gibt es Karton in schönen Farben mit unterschiedlichen Strukturen. So ein Lesezeichen ist schnell gemacht und ein lustiges kleines Mitbringsel.

Geschenkpapier,

das selbst gemacht ist, ist viel origineller als gekauftes, und es macht auch das kleinste Geschenk zu etwas Besonderem. Zum Bedrucken kauft man einfarbige Geschenkpapierbögen oder nimmt ganz gewöhnliches Packpapier. Das ist fast noch schöner und vor allem preiswerter.

Mit so einem einmaligen Geschenkpapier können auch alle möglichen Gegenstände kaschiert (das heißt beklebt) werden. Zum Beispiel

Schachteln, Ordner, Bücher.

Oder man bedruckt einen besonders schönen Papierbogen und bastelt daraus einen

Lampenschirm.

Zum Ordnunghalten und Verschenken eignen sich alle Arten von

Etiketten.

Für Marmeladengläser, Wein- oder Saftflaschen, Büroordner, Schulhefte oder Gewürzgläser.

Ganz gewöhnliche Streichholzschachteln oder einfache Geschenkanhänger verwandeln sich in kleine Kunstwerke, Schulhefte und Bucheinbände werden unverwechselbar, und jeder Brief und jedes Päckchen werden zu einem persönlichen, liebevollen Gruß mit einem selbstentworfenen, selbstgeschnittenen und selbstgedruckten Stempel!

Copyright © Isolde Ohlbaum

Rotraut Susanne Berner, 1948 in Stuttgart geboren, studierte in München Grafik-Design, arbeitet seit 1977 als freie Künstlerin im Bereich Buchillustration und wurde mit vielen, vielen Preisen und Auszeichnungen für ihre originellen, sensiblen Erfindungen im Bereich Buchkunst geehrt.
Für mehr als dreißig Bücher entwarf sie in einer unverwechselbaren Handschrift Bilder.
Seit ihrer Kindheit liebt sie Wilhelm Busch und Walter Trier. Den Künstlerkollegen Jiři Šalomoun, Volker Pfüller, Axel Scheffler, Joost Swarte, George Herriman, Hans Traxler und F. K. Waechter gelten ihre Bewunderung und Zuneigung. Bücher waren, seit sie denken kann, Zentrum ihrer Welt; als Kind schon eroberte sie sich ihre reale und ihre Traumwelt durch Malen und Zeichnen. Von dieser ‹naiven› Aneignung der Dinge ist im Œuvre der Künstle-

rin nichts verlorengegangen. Mit der Selbstverständlichkeit von Kinderträumen treffen sich Froschkönig und Kater, Bären und Schmetterlinge, Käfer und Möpschen, Ballerinen und Riesen, magische Telefone und flötespielende Amseln auf ihrem Zeichentisch.

Die Kritik feierte ihren rotfuchs Band 792 «Engel & anderes Geflügel 2» als ein herausragendes Ereignis. Die STIFTUNG BUCHKUNST prämierte es als eines der schönsten Bücher des Jahres 1995.

Übrigens: für die Weihnachtszeit kannst du dir aus Rotraut Susanne Berners Zeichenwerkstatt den lustigsten und schönsten Adventskalender wünschen: ENGEL & ANDERES GEFLÜGEL mit wunderschönen Bildern und vielen Tips zum Schnippeln, Malen und Selbermachen.

Hurra!
Berners kleine Stempelwerkstatt ist da!

Fix und fertig, verpackt in einem schönen Kästchen, gibt es jetzt für kleine und große Stempelfans eine komplette Stempelwerkstatt.
Sie erscheint zusammen mit dem ersten und einzigen Stempelbuch für Kinder, Kunsterzieher, Eltern, Onkel, Patentanten und alle, die Vergnügen am kreativen Machen haben.

Na du, Marabu
Die Arche aus dem Kästchen
rororo rotfuchs Band 825

Für phantasievolle Kinder und Erwachsene oder alle, die es werden wollen.

In Berners Stempelkästchen finden Stempelfans detaillierte Anleitung zum Stempelschneiden, geeignete Schneidemesser und Gummiplatten aus Naturkautschuk als Rohmaterial, die jederzeit nachbezogen werden können.

Fridolin Spielwaren
Tübinger Str. 21
71083 Herrenberg

In allen guten Buch- und Spielwarenhandlungen.

Umschlaggestaltung Nina Rothfos
Umschlagillustration Rotraut Susanne Berner
Typografie Iris Farnschläder
Satz Joanna PostScript, QuarkXPress 3.3.1
Gesamtherstellung Clausen & Bosse, Leck